Theres Behnemann

Unser Welpe

Herstellung und Verlag:
Books on Demand GmbH
Norderstedt
ISBN: 9783839131664

<u>Unser Welpe</u>

Ein Buch für die vielen schönen Erinnerungen mit Ihrem Liebling. Viel Platz für Ihre eigenen Fotos und Tipps vom erfahrenen Züchter von der Geburt bis zum erwachsenen Hund.

Theres Behnemann

Inhaltsverzeichnis

Unser Welpe

Nun ist Ihr Welpe bei Ihnen angekommen und braucht Ihre Liebe und
Verantwortung für ein langes, glückliches Hundeleben! :-)
Seien Sie liebevoll, aber konsequent in der Erziehung und bald haben
Sie einen supertollen treuen Weggefährten für sich und Ihre Familie.
Idealerweise haben Sie Ihren Welpen zwischen seiner 8. und 12.
Lebenswoche zu sich geholt und können diese sehr wichtige
Prägephase schon nutzen.

Unser Welpe

Name:

Rasse:

Geburtstag:

Hier ist Platz für Ihre Fotos:

Elterntiere

Mein Papa:

Platz für Fotos

Meine Mama:

Platz für Fotos

Lassen Sie sich die Eltern Ihres Welpen zeigen und achten Sie besonders auf das Verhalten des Muttertieres. Ist sie menschenbezogen und spielfreudig, dann können Sie einen ebenso freundlichen Welpen erwarten.

Geburt

Vielleicht haben Sie ja das große Glück und einen sehr guten Züchter gefunden, der ein Wurfprotokoll schreibt und als Hebamme bei der Geburt der Welpen mithilft, dann haben Sie sicher ein Foto vom ersten Lebenstag Ihres Welpen.

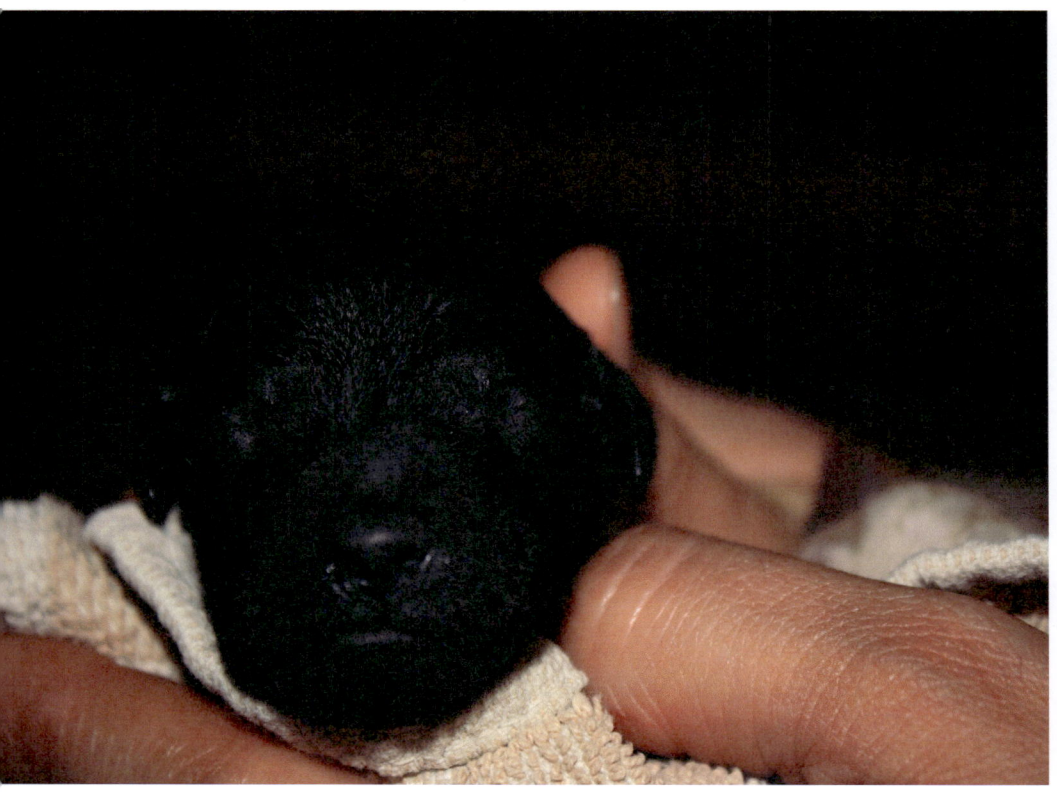

Welpe neu geboren

Platz für Ihr Foto

Nach einer Tragzeit von ca. 63 Tagen entbindet die Hündin ihre Jungen. Die Kleinen sind noch völlig blind und taub. Sie suchen robbend nach der Mutter und der Milchquelle. Wichtig ist ein ruhiger, zugfreier und warmer Platz für die Babies.

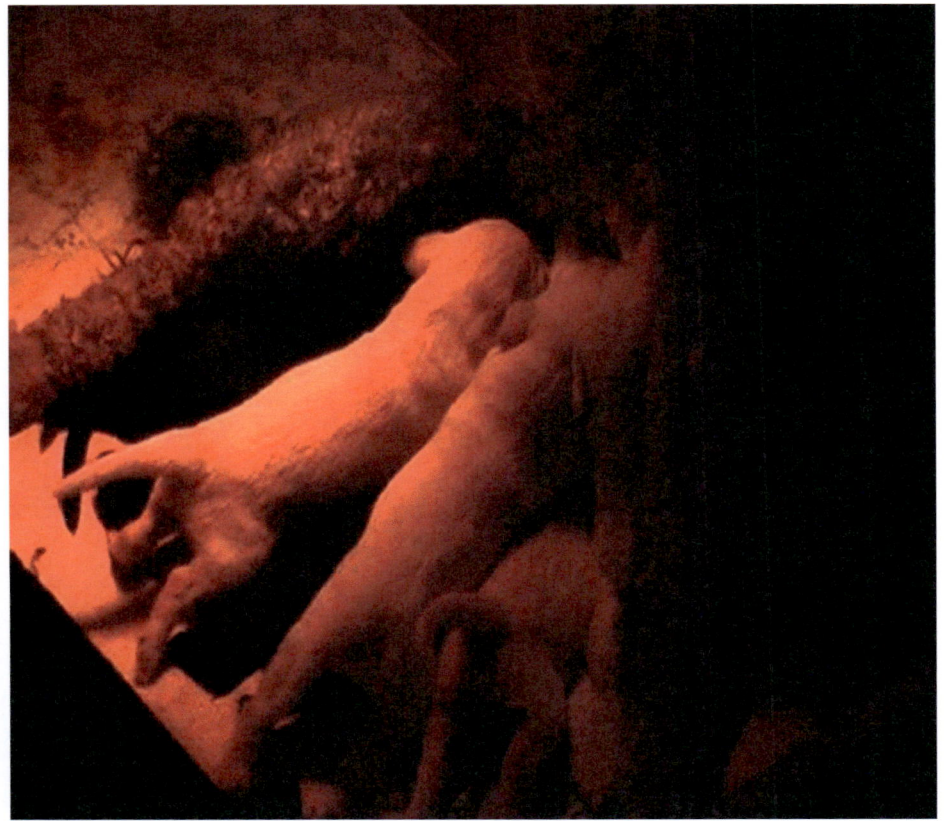

Wichtige Entwicklungsphasen

Zwischen dem 10. und 14.Tag öffnen sich die Augen der Welpen und sie erblicken im wörtlichen Sinne das Licht der Welt.

Die Augen öffnen sich

Platz für Ihr Foto

Mit etwa 4 Wochen beginnt die langsame Entwöhnung der Welpen und man beginnt mit dem Zufüttern.

Platz für Ihr Foto

Erste Ausflüge ins Freie und Sauberkeitstraining gehören zur guten Sozialisierung des Welpen.

Platz für Ihr Foto

Meine Größe

Bei meiner Geburt:

Mit 2 Wochen:

Mit 4 Wochen:

Mit 8 Wochen:

3 Monate:

Halbes Jahr:

Ein Jahr:

Platz für Fotos

Mein Gewicht:

Bei meiner Geburt:

Mit 2 Wochen:

Mit 4 Wochen:

Mit 8 Wochen:

3 Monate:

Halbes Jahr:

Ein Jahr:

Platz für Fotos

Mein Pfotenabdruck

Was ist sicherer als eine Unterschrift?

Platz für den Pfotenabdruck Ihres Welpen

Entwurmungen

Die mehrfachen Entwurmungen des Welpen sind wichtig um eine gesunde Entwicklung zu gewährleisten, fragen Sie Ihren Züchter, nach seinen Entwurmungsplan. Ich empfehle ab dem 10. Tag wöchentlich bis zur Abgabe regelmäßig zu entwurmen.
Und natürlich sollten Sie dies auch tun!

Impfungen

Der Welpe sollte bevor Sie ihn zu sich ins neue Zuhause holen, bereits die erste Grundimmunisierung erhalten haben.
Die erste Impfung erfolgt ab der 8. Woche und muss nach 4 Wochen aufgefrischt und um die Tollwutimpfung erweitert werden.
Erst dann hat Ihr Hund den kompletten Impfschutz für ein Jahr.

Speiseplan

Ein guter Züchter gibt Ihnen einen Fütterungsplan sowie Futter für die ersten Tage bei Ihnen zu Hause für den Welpen mit. Für das erste Jahr im Leben eines Hundes ist ein gutes Welpentrockenfutter für eine gute Entwicklung unerlässlich. Sollten Sie danach auf ein anderes Welpenfutter umstellen wollen, achten Sie darauf langsam umzustellen. Welpen reagieren sehr sensibel auf abrupte Futterumstellungen.
Welpen bekommen im Alter von 8 Wochen noch 4 kleine Mahlzeiten, ab der 12. Woche dann nur noch drei Mahlzeiten. Wichtig für Ihren Welpen ist ein fester Rhythmus, der auch für die Sauberkeit sehr entscheidend ist.

Das neue Zuhause

Lassen Sie Ihren Welpen seine neue Umgebung am besten mitten am Tag kennen lernen, denn es ist ein wichtiger Moment in seinen Leben. Zeigen Sie Ihm seinen Fress- und Schlafplatz sowie was für Sie wichtig ist, wo er sich entleeren kann.

Spielen Sie mit ihm und schmusen Sie mit ihm, jetzt entstehen die engen Bindungen und der Welpe prägt sich alles sehr genau ein. Bald kennt er sein Rudel sehr genau und wird Ihnen lange bevor Sie es hören, anzeigen, wenn jemand aus der Familie bald nach Hause kommt.

Platz für Ihre Fotos

Meine neue Familie

Der Welpe lernt nun, wer alles zu seinem neuen Rudel gehört. Wichtig ist es ihm feste Regeln zu geben und nicht zu vergessen, dass der Welpe trotz seiner Niedlichkeit im Rudel an letzter Stelle steht.
Alles, was Mäxchen jetzt darf, möchte Max, wenn er ein großer stattlicher Rüde geworden ist, auch dürfen, vergessen Sie das bitte nicht.
Also seien Sie liebevoll konsequent und Sie werden überall um Ihren schönen, gut erzogenen Hund beneidet!

Platz für Ihre Fotos

Welpenschule

Ich rate immer zu einer guten Welpenschule für den Welpen und auch für den neuen Besitzer ist es eine sehr gute Erfahrung.
Wenn Sie Kinder haben, nehmen Sie sie mit und lassen sie Sie auch die Übungen mit dem Hund absolvieren.
Wenn Ihr Hund die Grundkommandos beherrscht, gibt es nichts Tolleres als ihm kleine Tricks beizubringen.
Arbeiten Sie mit Ihrem Hund und er wird es Ihnen mit ganz viel Liebe danken!

Platz für ihre Fotos

Meine Freunde

Neben meiner Familie habe ich natürlich auch noch viele
Hundebekanntschaften gemacht, meine liebsten Freunde seht Ihr hier:

Platz für Ihre Fotos

Mein erster Urlaub

Weil mich meine Familie sehr lieb hat, und ich ja auch ein sehr lieber Hund bin, darf ich natürlich überall mit hin. :-)
Auch in den wohlverdienten Urlaub.
Diese Zeit genieße ich besonders, denn alle haben jetzt viel mehr Zeit und können viel, viel mehr mit mir unternehmen.
Das ist richtig cool!!!

Platz für Ihre Fotos

Ernährung

Achten Sie auf eine ausgewogene Ernährung Ihres Hundes. Er sollte keineswegs verfetten durch gut gemeinte Leckerli usw. Sie tun Ihrem Hund nichts Gutes, denn Übergewicht schränkt ihn in seinen Bewegungen ein und fördert Krankheiten, die im schlimmsten Falle zum frühen Tod führen.
Lassen Sie sich bei Unklarheiten von Ihrem Tierarzt beraten.

Platz für Ihr Foto

Zahnwechsel

Der Welpe verliert seine Milchzähne meist ohne dass der Besitzer ein verlorenes Zähnchen findet. In dieser Phase sucht der Welpe nach Dingen, die man Abnagen kann, um das Zahnen zu beschleunigen, bieten Sie ihm daher geeignete Dinge an.

Platz für Ihre Fotos

Lieblingsspielzeug

Ihr Hund braucht Spielzeug oder Beschäftigungsmaterial, günstig ist
es sich vom Züchter oder im Fachhandel beraten zu lassen und dabei
eventuell eigene Wünsche, was soll mein Hund können, zu
berücksichtigen.
Beliebt sind meist Hol- und Bringespiele, aber auch Geduldspiele, die
die Intelligenz fördern sind sehr schön.
Beobachten Sie Ihren Liebling beim Spiel und fördern Sie so seine
Talente.

Platz für Ihre Fotos

3 Monate

Nun haben Sie Ihren Welpen schon etwa 4 Wochen bei sich und er gehört schon zu Ihrer Familie. Wenn Sie ehrlich sind, können Sie sich ein Leben ohne dieses kleine Fellbündel gar nicht mehr vorstellen und das ist gut so. Es ist das sicherste Zeichen dafür, dass Sie Ihr Herz an Ihren Welpen verloren haben :-)

Platz für Ihre Fotos

Erstes Baden

Ein Welpe muss nicht wie ein Baby gebadet werden, wenn Sie es trotzdem möchten, achten Sie darauf, dass kein Wasser in die Ohren kommt und trocknen Sie den Welpen gründlich ab.
Viele Hunde lieben das Wasser und können richtig schwimmen. Wenn auch Ihr Hund eine richtige Wasserratte ist, lassen Sie es in sicheren Gewässern ruhig zu.

Platz für Ihre Fotos

Besondere Erlebnisse

Sicher gibt es unvergessliche Momente mit Ihrem Hund, über die man
noch Jahre später schmunzelt oder herzhaft lachen kann.
Meist hat man wie so oft im Leben, nicht die Kamera dabei oder ist
einfach nicht schnell genug gewesen.
Schreiben Sie es doch einfach auf und erfreuen sich und andere
damit!!!

Platz für Ihre Fotos oder Geschichte

Nun bin ich ein halbes Jahr alt

Die Zeit rast nur so dahin und aus dem kleinen Welpen ist nun ein richtig großer Hund geworden.
Die Pubertät ist gerade da oder kommt noch. Manchmal werden nun Regeln ausgetestet aber leider sind wir ja konsequent…

Platz für Ihre Fotos

Geschlechtsreife

Ab einem dreiviertel Jahr kann der Hund die Geschlechtsreife
erlangen, dieser Reifeprozess kann aber auch länger dauern.
Mit der Geschlechtsreife ist das Ende des Wachstums des Hundes
erreicht und er hat seine endgültige Größe erreicht.
Die Entscheidung über eine Sterilisation bzw. Kastration sollte man
gut überdenken und dabei auch den fachlichen Rat suchen.

Platz für Ihre Fotos

Erwachsen und mein erster Geburtstag

Endlich bin ich ein richtiger Hund ;)
Nun kann ich schon alles, was ein Hund können sollte und bereite
meiner Familie sehr viel Freude.
Daher werden wir sicher auch meinen Hundegeburtstag feiern!!

Platz für Ihre Fotos

Weitere Erinnerungen

Hier ist nun noch ganz viel Platz für Ihre persönlichen Highlights mit Ihrem Liebling. Und ich bin mir sicher, Sie werden ein schönes Erinnerungsalbum vom Ihrem Hund haben.

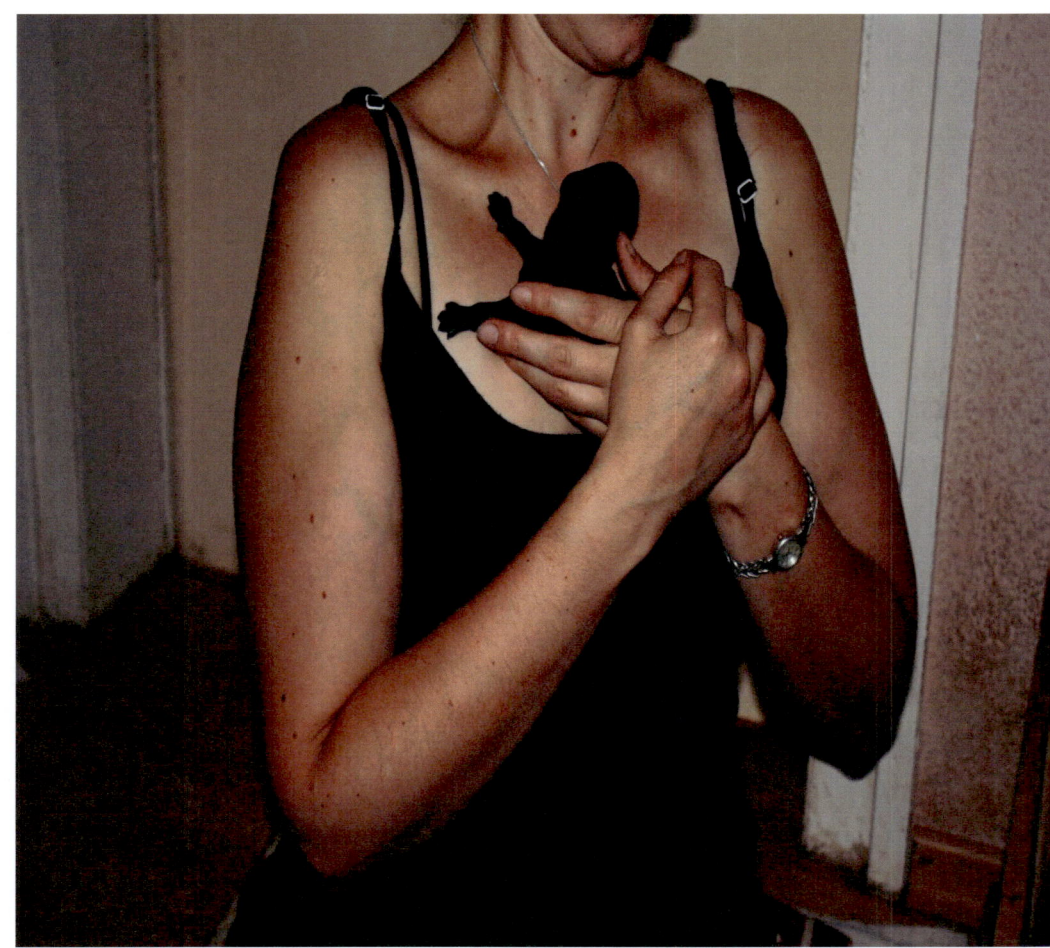

Platz für Ihre Fotos

Abschlussworte

Denn leider heißt es irgendwann immer Abschied nehmen und wird wehtun.
Ich verspreche Ihnen jedoch, wenn der Schmerz sich legt und Sie wieder einen neuen Wegbegleiter haben, denn wer einmal einen Hund hatte, wird nie mehr ohne einen Hund sein wollen, werden Sie das Buch wieder in die Hand nehmen und in wunderbaren Erinnerungen schwelgen!

Ein großes Dankeschön für die bereitgestellten Fotos an die Besitzer. Sowie Merci Cherie an Nifi für den technischen Part!!

In diesem Sinne für Sie und Ihren Vierbeiner alles Liebe und Gute!

Ihre
Theres Behnemann

Ein Rasseportrait des Goldendoodle ist von der Autorin im Buchhandel erhältlich: